Inslewis

und die
„Insel des Lernens und des Wissens"

Telse Maria Kähler

Bibliografische Information der
Deutschen Nationalbibliothek:

Die Deutsche Nationalbiliothek verzeichnet diese
Publikation in der Deutschen Nationalbibliografie;
detaillierte bibliografische Daten sind im Internet
über http://dnb.dnb.de abrufbar.

Text, Cover und Gestaltung: Telse Maria Kähler
Illustrationen: Johannes Ritter

Herstellung und Verlag:
BoD - Books on Demand, Norderstedt

ISBN: 9 783753 453217

Inselspruch:
„Sei aktiv, genieße was du tust
und freue dich über jeden Tag!"

Danke,
an alle Freunde und Unterstützer

Hallo,

ich bin Inslewis. Ich bin eine Schildkröte und lebe auf der Insel des Lernens und des Wissens.

Meine Mutter hat mich als Ei hier in den Sand gelegt. Dann hat sie es der Sonne überlassen, das Ei auszubrüten. Wenn Schildkröten-Babys schlüpfen, gibt es niemanden, der auf sie aufpasst. Wir sind ganz allein auf uns gestellt.

Das ist in Ordnung so, kannst du mir glauben, denn wir Schildkröten bringen von Anfang an alles mit, was wir zum Überleben brauchen. Zum Beispiel: gute Instinkte, Neugier, Wagemut, naja und auch ein wenig Angst, vor Greifvögeln und so.

Wenn man ganz auf sich gestellt ist und trotzdem die Geheimnisse des Lebens erforschen will, muss man sich schon etwas einfallen lassen. Ich meine mit dem Lernen und so.

Deshalb nenne ich meine Insel: „Insel des Lernens und des Wissens". Meine Insel ist fantastisch. Hier gibt es alles, was ich benötige, um glücklich und zufrieden zu sein. Und das Beste ist: Hier ist es niemals langweilig. Deshalb fühle ich mich auf meiner Insel sehr wohl.

Du sehnst dich auch nach einer Insel, auf der du nach Herzenslust forschen und lernen kannst?

Komm einfach mit, ich führe dich herum. Dann weißt du, worauf es ankommt.

Reiseroute:

Berg des Wissens

Am besten wir fangen mit dem Berg des Wissens an. In diesem Teil der Insel befindet sich jede Menge Wissen.

Den Berg des Wissens kannst du dir wie eine riesengroße Schatzkammer vorstellen. Überall ist Wissen versteckt. Manchmal wächst es an den Berghängen und du kannst es einfach pflücken, ein anderes Mal muss man tief in eine Höhle hineinklettern, um es zu finden. Es gibt auch Wissen, das will aus hartem Stein herausgearbeitet werden, ähnlich wie die Edelsteine, die oft im harten Fels wohnen. Ein anderes Mal bekommst du Wissen geschenkt. Es liegt einfach vor dir.

Warum ich so viel Wissen brauche? Na, damit ich das Leben erforschen kann. Und damit mir nicht langweilig wird.

Hier versteckt sich das Wissen auch:

Es steckt in Büchern, in Filmen, im Fernsehen, im Internet und in Computern. Das beste Wissen sammelst du jedoch, wenn du jeden Tag aktiv erlebst.

Also, wenn ich hier stehe, muss ich immer erst einmal tief Luft holen. Es gibt so viel Wissen.

Wie soll ich das nur alles in meinen kleinen Schildkrötenkopf hineinbekommen? Muss ich gar nicht! Es reicht, wenn ich mich jeden Tag satt futtere. Da ich als Schildkröte hundert Jahre alt werden will und mein Berg ja sehr, sehr groß ist, habe ich für viele, viele Jahre genug Kopfnahrung. Ist das nicht super?

Damit ich keine Kopfschmerzen bekomme, halte ich mich an einige Regeln: Bevor ich auf den Berg steige, mache ich mir einen Plan. Ich überlege, was ich wissen und wonach ich suchen will. Wenn man losläuft, ohne ein Ziel zu haben, kann man sich leicht verirren. Ist mir am Anfang oft passiert. Das war ziemlich doof. Heute frage ich mich, welche Vorteile es mir bringt, genau diese Dinge jetzt zu erforschen. So freue ich mich darauf, auf dem Berg herumzustöbern. Manchmal kann ich es kaum erwarten anzufangen.

Kennst du den Trick mit der hohen Zeitqualität?

Der Trick geht ganz einfach: Konzentriere dich auf dein Vorhaben und die damit verbundenen Taten – lass dich nicht ablenken – tue nicht mehrere Dinge gleichzeitig – und freue dich über das, was du tust – sei offen und neugierig. Mit diesem Trick kommst du ganz leicht in einen Flow.

Es fühlt sich an wie fliegen oder getragen werden - jedenfalls geht alles viel, viel leichter.

Du brauchst dich gar nicht anstrengen beim Forschen. Probiere es doch einfach mal aus, es macht richtig Spaß.

Wollen wir weitergehen? Als nächstes kommen wir zum Tal des Vergessens.

Diese Schätze findest du auf dem Berg des Wissens:

- Du erlebst spannende Lernexpeditionen.

- Du findest altes und neues Wissen.

- Du hast Freude am Forschen und bist motiviert zu lernen.

Tal des Vergessens

Da sind wir schon. Irgendwie lande ich immer wieder im Tal des Vergessens. Manchmal nervt das!

Dann erinnere ich mich daran, dass das eigentlich ganz super ist. Stell dir mal vor, du müsstest dir alles, was du gelesen, gehört und erlebt hast, merken. Gruselig oder? Da ist es doch gut, dass unser Gehirn regelmäßig aufräumt und die Dinge, die alt und unbrauchbar sind, aus dem Gedächtnis-Speicher schmeißt.

Allerdings, wenn mein Gedächtnis und ich uns nicht einig sind, was wir uns merken wollen und was rausfliegen kann, und ich etwas vergesse, was ich mir unbedingt merken wollte, ist das ziemlich blöd.

Übrigens, wer zu viel fernsieht oder im Internet rumturnt, muss sich nicht wundern, wenn das mit dem Merken nicht klappt. Bei so viel Wissens-Salat meckert das Gehirn gern rum: „Es ist zu viel, zu viel!" und macht die Schotten dicht. Das funktioniert so ähnlich wie mit dem Schokoladeessen. Wenn du so viel Schokolade gegessen hast, dass du satt bist, schmeckt auch die leckerste Schokolade nicht mehr.

Hier habe ich einige Rezepte für dich, damit dir das nicht passiert:

- *Konzentriere dich* auf das, was du tust.
- *Baue Autobahnen* - heißt: wiederholen, wiederholen, wiederholen, bis im Gehirn dicke Wissensbahnen entstanden sind, die groß und breit sind. Dicke Autobahnen schmeißt niemand so schnell aus dem Gedächtnis.
- *Netze knüpfen* – Verknüpfe neues Wissen mit schon vorhandenem. Ein Netz hält besser als ein Seil. Und du fängst auch mehr. Wie beim Fischen kannst du so viel mehr Wissen einfangen!
- *Lass dir von deinen Gefühlen helfen* - Hast du ein gutes Gefühl bei dem, was du tust, dann macht es dir Spaß und du vergisst es nicht so leicht. Ödet dich an, was du in deinem Gehirn aufbewahren sollst, ist die Verlockung, die Sachen gleich ins Tal des Vergessen zu bringen, sehr groß.
- *Lerne mit allen Sinnen.* - Wonach riecht es, wenn du Brüche knacken musst? Nach Zitrone oder nach Pfannkuchen? Wenn du vergessen hast, wie das mit dem Brücheknacken geht, erinnerst du dich an den Duft vom

Pfannkuchen und schon weißt du wieder, wie das mit den Brüchen funktioniert.

Ein spannendes Tal, findest du nicht auch? Hier kann man ganz schön viele Dinge ausprobieren.

Und jetzt klettern wir auf den Vulkan der Ideen.

Diese Schätze findest du im Tal des Vergessens:

· Du ärgerst dich nicht mehr, wenn du mal etwas vergessen hast.

· Du weißt, dass Gedächtnis-Autobahnen nützlich sind.

· Du kannst Gedächtnis-Netze knüpfen, um Wissen zu fangen.

Vulkan der Ideen

Mit Vulkanen ist das so eine Sache. Manchmal sind sie über Jahrhunderte erkaltet und geben keinen Ton mehr von sich. Dann wieder brechen sie aus und spucken im hohen Bogen ihre Lava über das Land.

Hast du manchmal das Gefühl, dein Vulkan der Ideen ist erloschen? Er will einfach keine guten Ideen mehr ausspucken?

Immer wenn ich das Gefühl habe, ich könnte mal wieder ein paar gute Ideen gebrauchen, komme ich hierher.

Hier ist es magisch. Oft habe ich mich schon eine ganze Zeit mit einem spannenden Thema beschäftigt und trotzdem habe ich das Gefühl, auf der Stelle zu stehen, weil mir einfach nichts einfallen will.

Dann komme ich hierher und fange an zu denken. Ich denke, denke und denke, denke also selbst und lasse nicht andere für mich denken. Meistens liege ich dabei in der Sonne und schaue den Wolken beim Spielen zu.

Ja und dann passiert etwas Wunderbares. Plopp, macht es und ich bekomme eine Idee. Dann noch eine und noch eine.

Manchmal bin ich so voller Ideen, dass ich ein Heft benötige, um sie alle aufzuschreiben. Meine Ideen haben leider die Eigenschaft, gleich nach ihrer Geburt ins Tal des Vergessens weiterzuwandern. Das will ich natürlich nicht, denn ich habe sie ja noch nicht einmal richtig kennengelernt oder mir überlegt, was ich mit ihnen anfangen kann.

Wenn ich mir meine Ideen aufschreibe, verhindere ich diese ungewollten Abwanderungsbewegungen. Schließlich wollen Ideen in die Tat umgesetzt werden.

Cool oder? Probiere es aus! Es macht Spaß!

Ach übrigens, manchmal hat mein Vulkan frei. Dann ist da nichts mit den guten Ideen. Nicht ärgern. Jeder braucht mal Urlaub - auch Vulkane.

Diese Schätze findest du am Vulkan der Ideen:

- Du weißt, wie du Ideen einladen kannst, sich zu zeigen.

- Du nutzt die Technik des Aufschreibens der Ideen, damit du sie nicht vergisst.

- Du bist nicht traurig, wenn dein Vulkan einmal Urlaub macht und dir keine guten Idee schenkt.

Garten der Fehler

Wunderst du dich, wo wir hier sind? Schön hier oder? Wir befinden uns im Garten der Fehler.

In diesem Garten pflanze ich meine Fehler ein. Schau mal, welch erstaunliche Pflanzen aus Fehlern wachsen können. Manche Fehler entwickeln sich zu richtig großen Pflanzen, andere sind zart und exotisch und einige scheinen wie nicht von dieser Welt.

Wusstest du, dass es ganz wichtig ist, Fehler zu machen? Nein? Habe ich mir gedacht. Die meisten Menschen verachten Fehler. Es gibt natürlich Fehler, die sind wirklich unnötig. Naja, das sind die doofen Fehler, die pflanze ich auch nicht ein.

Doch es gibt Fehler, die sind sehr, sehr wertvoll.

Zum Beispiel, wenn du vielleicht einmal etwas Neues ausprobiert hast, aber es dir leider nicht gelungen ist. Ein typischer Kandidat zum Einpflanzen. Warum? Naja, vielleicht fehlte es dir einfach nur an genügend Übung, um es richtig gut machen zu können. Oder du hast etwas erfunden, doch es hat nicht funktioniert. Es fehlte nur noch eine winzige aber wichtige Kleinigkeit und es hätte geklappt.

22

Ein Jahr später wurde diese winzige Kleinigkeit erfunden und deine Erfindung funktioniert fantastisch.

Fehler entstehen oft, weil es uns noch am richtigen Wissen fehlt, um es wirklich gut machen zu können. Oder man hat sich nicht genug vorbereitet. Manchmal braucht man eben noch ein wenig mehr Übung oder Zeit. Am wertvollsten sind die Fehler, aus denen wir etwas lernen können. Sie erlauben dir später Dinge auszuprobieren, die ohne die vorherigen Fehler nie gelungen wären. Aus diesen Fehlern wachsen in meinem Garten die schönsten Blumen.

Ich gebe zu, hier ist es manchmal ein wenig anstrengend. Das Einpflanzen der Fehler ist nicht immer mit einem guten Gefühl verbunden. Aber schau dir mal an, was hier so alles wächst. Ich liebe diesen Garten.

So, jetzt brauchen wir eine Pause. Komm, ich zeige dir meine Oase der Ruhe.

Diese Schätze findest du im Garten der Fehler:

- Du erlebst, dass Fehler zum Leben gehören.
- Du nutzt heute gemachte Fehler für neue Ideen.
- Du erfährst, dass dein Wissen durch Fehler wächst.

Oase der Ruhe

Dies hier ist mein Lieblingsplatz – meine Oase der Ruhe. Hast du auch eine Oase der Ruhe?

Ich liebe diesen Ort, inmitten einer zauberhaften Landschaft, mit Bäumen und Blumen, ganz für mich allein. Guck mal, es gibt sogar einen Wasserfall und einen Brunnen mit klarem Wasser.

Hier kann ich mich stärken. Wusstest du, dass das Gehirn ganz viel Energie verbraucht? Weil ich meinem Gehirn schon morgens beim Denken helfen will, frühstücke ich ganz viel leckeres Obst.

Und weil Schildkröten nicht von Luft allein leben, trinke ich ganz viel frisches Wasser. Du glaubst gar nicht, wie fit ich dann bin.

Von meiner Hängematte aus kann ich ins Tal hinunterschauen. Ein wundervoller Ort zum Träumen und Nachdenken. Hier bin ich einfach faul. Manchmal mache ich sogar ein Schläfchen. Mein Gehirn liebt diese Zeit. Solche Zeiten helfen ihm beim Bauen der Autobahnen und beim Knüpfen neuer Netze für den nächsten Wissensfang.

Erlaube dir, Pausen zu machen. Hinterher bist du wieder frisch und unternehmungslustig. Ich springe dann immer auf und starte in die nächsten Abenteuer.

Achja, jeder braucht eine eigene Oase der Ruhe, damit er mal mit sich allein sein und sich wieder selbst spüren kann.

Ich zeige dir jetzt die Hügel der Überraschungen.

Diese Schätze findest du in der Oase der Ruhe:

· Du findest Erholung und neue Kraft.

· Du kannst entspannen und träumen.

· Du kannst dich selbst spüren.

Hügel der Überraschungen

Fühlt es sich in deinem Kopf manchmal so an, als wären da nur lauter Holzkugeln? Oder fühlst du dich mitunter, als wäre da eine dicke Schicht Watte, die über deinem Denkapparat liegt und die du einfach nicht durchdenken kannst? Hast du manchmal keine Lust auf Erkundungstouren zu gehen oder etwas Neues auszuprobieren? Dann ist es höchste Zeit, die Hügel der Überraschungen zu besuchen.

Hier kannst du frei atmen, kannst wandern, Rad fahren oder du gehst in dem kleinen Bergsee schwimmen. Am besten, du sorgst dafür, dass deine Muskeln etwas zu tun haben. Power dich so richtig aus. Hast du schon mal ausprobiert, wie gut das tut?

Oder kennst du das: Deine Gedanken tanzen immer im Kreis herum? Immer dieselben Gedanken! Und dieser Zirkus lässt sich einfach nicht abstellen? Sag einfach STOPP und dann nichts wie raus an die frische Luft. Bewege dich!

Falls du keinen Sport magst, dann liebst du vielleicht Musik? Also singe, spiele ein Instrument, tanze! Oder bastle, zeichne, male – bringe deine Finger in Bewegung – sie lieben es. Sei kreativ.

Ein Kopfstand hilft natürlich immer. Ja, manchmal muss man sich auf den Kopf stellen, um neue Potentiale zu erkennen oder andere Sichtweisen kennenzulernen. Ganz wichtig! Solltest du dir unbedingt merken!

So, jetzt checke mal, wie du dich fühlst. Hat gutgetan, oder?

Sich bewegen und kreativ sein sind Kraftwerke für gute Gefühle! Und gute Gefühle sind ein erstklassiger Motor für jede Menge Überraschungen.

Also, fühlst du dich mal mies, geh zum Hügel der Überraschungen und lass dich überraschen!

Und jetzt besuchen wir meinen Hafen.

Diese Schätze findest du auf dem Hügel der Überraschungen:

- Du weißt, wie man zu neuen Sichtweisen kommen kann.

- Du nutzt Bewegung als Motor für gute Gefühle.

- Du bist kreativ beim Lösen von Aufgaben und Rätseln.

Hafen der Begegnung

Meine Insel hat einen Hafen. Du hast dich bestimmt schon gefragt, ob auch die „Insel des Lernens und des Wissen" einen Hafen hat. Ein eigener Hafen ist mir wichtig, obwohl ich lieber allein auf meiner Insel bin und gerne alles selbst gestalte.

Inseln haben nur leider einen großen Nachteil: Man kann nur nutzen, was sich auf der Insel befindet. Also, was man mitgebracht hat oder was schon da ist. Das kann auf Dauer ziemlich langweilig werden.

Wenn eine Insel einen Hafen hat, ist das anders. Schiffe kommen und gehen. Ich gehe auf Reisen und kehre wieder zurück. Lebewesen besuchen mich und fahren wieder nach Hause. Es herrscht ein ständiges Kommen und Gehen.

Ich liebe meinen Hafen, weil ich hier selbst bestimmen kann, welche Schiffe ankern und wer welche Waren auf die Insel bringen darf. Oder was ich selbst verschiffen will. Das ist mir ganz wichtig. Was meinst du, wie gerne andere Lebewesen ihren Müll hier abladen wollen!

In meinem Hafen herrscht ein buntes Treiben. Es ist immer etwas los, denn ich bin gerne mit anderen Lebewesen zusammen.

Vielleicht kennst du das auch?

- Ich bin zufrieden, weil ich mein Wissen und meine Ideen mit anderen teilen konnte.

- Ich habe spannende Dinge erfahren, weil ich zugehört habe, einfach nur richtig zugehört.

- Es war aufregend, mit anderen an gemeinsamen Aufgaben zu tüfteln und sich gemeinsam mit ihnen über die Ergebnisse zu freuen.

Gemeinsam an Aufgaben zu arbeiten macht Spaß! Leider ist gerade das nicht immer einfach, denn jedes Lebewesen bringt seine eigene Erfahrungsinsel mit. Und du weißt ja, man kann nur nutzen, was sich auf der Insel befindet. Um sich gegenseitig gut zu verstehen, benötigt man etwas Zeit, um sich aufeinander einzustellen. Das ist wie mit den verschiedenen Sprachen. Der eine spricht Papageiisch und der andere Schildkrötisch. Da hilft nur, sich auf eine gemeinsame

Sprache zu einigen und diese Sprache zu üben. Naja, oder man lernt gegenseitig die Sprache des anderen zu verstehen.

Übrigens, wenn man unterschiedliche Ideen zusammenbringt, entstehen ganz erstaunliche Ergebnisse! Zum Beispiel Ideen, wie wir alle gemeinsam in einer schöneren Welt leben können.

In meinem Hafen ist immer etwas los! Ich finde es spannend, andere Lebewesen zu treffen, mich mit ihnen auszutauschen und Neues zu erfahren. Was ich gut gebrauchen kann, nehme ich dann mit auf meine Insel.

Doch manchmal ist es mir hier am Hafen zu hektisch. Dann ziehe ich mich lieber zurück. Ich sorge gut für mich. Schließlich ist es meine Insel und mein Leben.

Diese Schätze findest du im Hafen der Begegnung:

- Du erlebst, wie spannend es ist, sich mit anderen Lebewesen auszutauschen.

- Du beteiligst dich an gemeinsamen Aktionen.

- Du genießt Geselligkeit, Lebendigkeit und Lebenslust.

So, jetzt kennst du meine Insel. Natürlich gibt es noch Täler und Schluchten, die ich dir nicht gezeigt habe. Sie bleiben mein Geheimnis oder ich erzähle dir später einmal davon.

Nutze, was dir gefällt, und gestalte dir deine eigene „Insel des Lernens und des Wissens".

Trau dich, spannende Lernexpeditionen zu erleben und die vielen Möglichkeiten des Lebens zu entdecken!

Denke immer daran:

Sei neugierig, offen und bereit für Abenteuer!

Viel Spaß!

Dein Inslewis

**Besuche die Webseite
„Insel des Lernens und des Wissens"**

Hier findest du viele interessante Informationen
rund um die Themen LERNEN und LEBEN.

www.inslewis.de

Die Autorin:

Telse Maria Kähler wurde 1954 in Lübeck geboren. Sie lebt mit ihrer Familie in Isenbüttel bei Gifhorn.

Die Autorin beschäftigt sich schon viele Jahre mit Themen der Persönlichkeitsentwicklung und des lebenslangen Lernens.

Sie schreibt Erfahrungsberichte, Romane, Kurzgeschichten, Märchen und Kinderbücher.

www.telse-maria-kaehler.de

Bücher rund ums Lernen:

Lernen ist Erinnern

„Lernen ist Erinnern" ist als Mitmach-Buch konzipiert. Wer will, kann seinen versteckten Schätzen auf die Spur kommen. Ein Buch mit Selbsterfahrungscharakter.

Frauen lernen anders

Ein Erfahrungsbericht: In diesem Buch geht es um Methoden und Strategien sowie um hilfreiche Tipps im Umgang mit Lernblockaden.

Aufbruch ins Land der Großen Wasser

In ihrem Zwei-Reisen-Roman nimmt Telse Maria Kähler ihre LeserInnen mit auf eine Reise an die Großen Seen Nordamerikas und beschreibt gleichzeitig, wie und warum aus der Beschäftigung mit den inneren Ressourcen neue Lebensfreude und mehr Lebenskraft entstehen kann.

www.telse-maria-kaehler.de

Kinderbücher:

Drachenstarke Abenteuer

Tankino - Der Drache vom Tankumsee

Tankino II - Die Drachenhöhle

Weitere Informationen unter:
www.tankino.de

Interview mit Emely - Wildschweingeschichten

Weitere Informationen unter:
www.interview-mit-emely.de

Ein Huhn namens Bruni

Die Geschichte eines Huhns mit Abenteuerlust.
www.telse-maria-kaehler.de

www.telse-maria-kaehler.de